PRÉFACE

La collection de guides de conversation "Tout ira bien!", publié par T&P Books, est conçue pour les gens qui voyagent par affaire ou par plaisir. Les guides de conversations contiennent le plus important - l'essentiel pour la communication de base. Il s'agit d'une série indispensable de phrases pour survivre à l'étranger.

Ce guide de conversation vous aidera dans la plupart des cas où vous devez demander quelque chose, trouver une direction, découvrir le prix d'un souvenir, etc. Il peut aussi résoudre des situations de communication difficile lorsque la gesticulation n'aide pas.

Ce livre contient beaucoup de phrases qui ont été groupées par thèmes. Vous trouverez aussi un mini dictionnaire avec des mots utiles - les nombres, le temps, le calendrier, les couleurs...

Emmenez avec vous un guide de conversation "Tout ira bien!" sur la route et vous aurez un compagnon de voyage irremplaçable qui vous aidera à vous sortir de toutes les situations et vous enseignera à ne pas avoir peur de parler aux étrangers.

TABLE DES MATIÈRES

Prononciation	5
Liste des abréviations	7
Guide de conversation Français-Serbe	9
Mini dictionnaire	73

T&P Books Publishing

Collection de guides de conversation
"Tout ira bien!"

T&P Books Publishing

GUIDE DE CONVERSATION

SERBE

LES PHRASES LES PLUS UTILES

Ce guide de conversation
contient les phrases et
les questions les plus
communes et nécessaires
pour communiquer avec
des étrangers

Par Andrey Taranov

T&P BOOKS

Guide de conversation + dictionnaire de 250 mots

Guide de conversation Français-Serbe et mini dictionnaire de 250 mots

Par Andrey Taranov

La collection de guides de conversation "Tout ira bien!", publiée par T&P Books, est conçue pour les gens qui voyagent par affaire ou par plaisir. Les guides contiennent l'essentiel pour la communication de base. Il s'agit d'une série indispensable de phrases pour "survivre" à l'étranger.

Vous trouverez aussi un mini dictionnaire de 250 mots utiles, nécessaire à la communication quotidienne - le nom des mois, des jours, les unités de mesure, les membres de la famille, et plus encore.

T&P Books Publishing
www.tpbooks.com

ISBN: 978-1-78716-275-4

Ce livre existe également en format électronique.
Pour plus d'informations, veuillez consulter notre site: www.tpbooks.com
ou rendez-vous sur ceux des grandes librairies en ligne.

PRONONCIATION

Lettre	Exemple en serbe	Alphabet phonétique T&P	Exemple en français

Voyelles

A a	авлија	[a]	classe
E e	ексер	[e]	équipe
И и	излаз	[i]	stylo
O o	очи	[o]	normal
У у	ученик	[u]	boulevard

Consonnes

Б б	брег	[b]	bureau
В в	вода	[ʋ]	verdure
Г г	глава	[g]	gris
Д д	дим	[dʑ]	jean
Ђ ђ	ђак	[dʑ]	jean
Ж ж	жица	[ʒ]	jeunesse
З з	зец	[z]	gazeuse
Ј ј	мој	[j]	maillot
К к	киша	[k]	bocal
Л л	лептир	[l]	vélo
Љ љ	љиљан	[ʎ]	souliers
М м	мајка	[m]	minéral
Н н	нос	[n]	ananas
Њ њ	књига	[ɲ]	canyon
П п	праг	[p]	panama
Р р	рука	[r]	racine, rouge
С с	слово	[s]	syndicat
Т т	тело	[t]	tennis
Ћ ћ	ћуран	[tɕ]	Tchèque
Ф ф	фењер	[f]	formule
Х х	хлеб	[h]	[h] aspiré
Ц ц	цео	[ts]	gratte-ciel
Ч ч	чизме	[tʃ]	match

Lettre	Exemple en serbe	Alphabet phonétique T&P	Exemple en français
Џ џ	џбун	[ʤ]	adjoint
Ш ш	шах	[ʃ]	chariot

LISTE DES ABRÉVIATIONS

Abréviations en français

adj	-	adjective
adv	-	adverbe
anim.	-	animé
conj	-	conjonction
dénombr.	-	dénombrable
etc.	-	et cetera
f	-	nom féminin
f pl	-	féminin pluriel
fam.	-	familiar
fem.	-	féminin
form.	-	formal
inanim.	-	inanimé
indénombr.	-	indénombrable
m	-	nom masculin
m pl	-	masculin pluriel
m, f	-	masculin, féminin
masc.	-	masculin
math	-	mathematics
mil.	-	militaire
pl	-	pluriel
prep	-	préposition
pron	-	pronom
qch	-	quelque chose
qn	-	quelqu'un
sing.	-	singulier
v aux	-	verbe auxiliaire
v imp	-	verbe impersonnel
vi	-	verbe intransitif
vi, vt	-	verbe intransitif, transitif
vp	-	verbe pronominal
vt	-	verbe transitif

Abréviations en serbe

ж	-	nom féminin
ж мн	-	féminin pluriel

м	-	nom masculin
м мн	-	masculin pluriel
мн	-	pluriel
с	-	neutre
с мн	-	neutre pluriel

T&P BOOKS

GUIDE DE CONVERSATION SERBE

Cette section contient
des phrases importantes
qui peuvent être utiles dans
des situations courantes.
Le guide vous aidera
à demander des directions,
clarifier le prix, acheter
des billets et commander
des plats au restaurant

T&P Books Publishing

CONTENU DU GUIDE DE CONVERSATION

Les essentiels	12
Questions	15
Besoins	16
Comment demander la direction	18
Affiches, Pancartes	20
Transport - Phrases générales	22
Acheter un billet	24
L'autobus	26
Train	28
Sur le train - Dialogue (Pas de billet)	29
Taxi	30
Hôtel	32
Restaurant	35
Shopping. Faire les Magasins	37
En ville	39
L'argent	41

Le temps	43
Salutations - Introductions	45
Les adieux	47
Une langue étrangère	49
Les excuses	51
Les accords	52
Refus, exprimer le doute	53
Exprimer la gratitude	55
Félicitations. Vœux de fête	56
Socialiser	57
Partager des impressions. Émotions	60
Problèmes. Accidents	62
Problèmes de santé	65
À la pharmacie	68
Les essentiels	70

T&P Books Publishing

Les essentiels

Excusez-moi, …	**Извините, …** Izvinite, …
Bonjour	**Добар дан.** Dobar dan
Merci	**Хвала вам.** Hvala vam
Au revoir	**Довиђења.** Doviđenja
Oui	**Да.** Da
Non	**Не.** Ne
Je ne sais pas.	**Не знам.** Ne znam
Où? (~ es-tu?) | Où? (~ vas-tu?) | Quand?	**Где? | Куда? | Када?** Gde? | Kuda? | Kada?

J'ai besoin de …	**Треба ми …** Treba mi …
Je veux …	**Хоћу …** Hoću …
Avez-vous … ?	**Имате ли …?** Imate li …?
Est-ce qu'il y a … ici?	**Да ли овде постоји …?** Da li ovde postoji …?
Puis-je … ?	**Смем ли …?** Smem li …?
s'il vous plaît (pour une demande)	**молим** molim

Je cherche …	**Тражим …** Tražim …
les toilettes	**тоалет** toalet
un distributeur	**банкомат** bankomat
une pharmacie	**апотеку** apoteku
l'hôpital	**болницу** bolnicu
le commissariat de police	**полицијску станицу** policijsku stanicu
une station de métro	**метро** metro

un taxi	**такси** taksi
la gare	**железничку станицу** železničku stanicu

Je m'appelle …	**Ја се зовем …** Ja se zovem …
Comment vous appelez-vous?	**Како се ви зовете?** Kako se vi zovete?
Aidez-moi, s'il vous plaît.	**Да ли бисте, молим вас,** **могли да ми помогнете?** Da li biste, molim vas, mogli da mi pomognete?
J'ai un problème.	**Имам проблем.** Imam problem
Je ne me sens pas bien.	**Не осећам се добро.** Ne osećam se dobro
Appelez une ambulance!	**Позовите хитну помоћ!** Pozovite hitnu pomoć!
Puis-je faire un appel?	**Смем ли да телефонирам?** Smem li da telefoniram?

Excusez-moi.	**Извините …** Izvinite …
Je vous en prie.	**Нема на чему.** Nema na čemu

je, moi	**ја, мене** ja, mene
tu, toi	**ти** ti
il	**он** on
elle	**она** ona
ils	**они** oni
elles	**оне** one
nous	**ми** mi
vous	**ви** vi
Vous	**ви** vi

ENTRÉE	**УЛАЗ** ULAZ
SORTIE	**ИЗЛАЗ** IZLAZ
HORS SERVICE | EN PANNE	**НЕ РАДИ** NE RADI

FERMÉ	**ЗАТВОРЕНО**
	ZATVORENO
OUVERT	**ОТВОРЕНО**
	OTVORENO
POUR LES FEMMES	**ЗА ЖЕНЕ**
	ZA ŽENE
POUR LES HOMMES	**ЗА МУШКАРЦЕ**
	ZA MUŠKARCE

Questions

Où? (lieu)	**Где?** Gde?
Où? (direction)	**Куда?** Kuda?
D'où?	**Одакле?** Odakle?
Pourquoi?	**Зашто?** Zašto?
Pour quelle raison?	**Из ког разлога?** Iz kog razloga?
Quand?	**Када?** Kada?
Combien de temps?	**Колико дуго?** Koliko dugo?
À quelle heure?	**У колико сати?** U koliko sati?
C'est combien?	**Колико?** Koliko?
Avez-vous … ?	**Имате ли …?** Imate li …?
Où est …, s'il vous plaît?	**Где се налази …?** Gde se nalazi …?
Quelle heure est-il?	**Колико је сати?** Koliko je sati?
Puis-je faire un appel?	**Смем ли да телефонирам?** Smem li da telefoniram?
Qui est là?	**Ко је тамо?** Ko je tamo?
Puis-je fumer ici?	**Да ли се овде пуши?** Da li se ovde puši?
Puis-je …?	**Смем ли …?** Smem li …?

Besoins

Je voudrais …	**Волео /Волела/ бих …** Voleo /Volela/ bih …
Je ne veux pas …	**Не желим …** Ne želim …
J'ai soif.	**Жедан /Жедна/ сам.** Žedan /Žedna/ sam
Je veux dormir.	**Хоћу да спавам.** Hoću da spavam
Je veux …	**Хоћу …** Hoću …
me laver	**да се освежим** da se osvežim
brosser mes dents	**да оперем зубе** da operem zube
me reposer un instant	**да се мало одморим** da se malo odmorim
changer de vêtements	**да се пресвучем** da se presvučem
retourner à l'hôtel	**да се вратим у хотел** da se vratim u hotel
acheter …	**да купим …** da kupim …
aller à …	**да идем до …** da idem do …
visiter …	**да посетим …** da posetim …
rencontrer …	**да се нађем са …** da se nađem sa …
faire un appel	**да телефонирам** da telefoniram
Je suis fatigué /fatiguée/	**Уморан /Уморна/ сам.** Umoran /Umorna/ sam
Nous sommes fatigués /fatiguées/	**Ми смо уморни.** Mi smo umorni
J'ai froid.	**Хладно ми је.** Hladno mi je
J'ai chaud.	**Вруће ми је.** Vruće mi je
Je suis bien.	**Добро сам.** Dobro sam

Il me faut faire un appel.

Треба да телефонирам.
Treba da telefoniram

J'ai besoin d'aller aux toilettes.

Морам до тоалета.
Moram do toaleta

Il faut que j'aille.

Морам да идем.
Moram da idem

Je dois partir maintenant.

Морам одмах да идем.
Moram odmah da idem

Comment demander la direction

Excusez-moi, …	**Извините …** Izvinite …
Où est …, s'il vous plaît?	**Где се налази …?** Gde se nalazi …?
Dans quelle direction est … ?	**Куда до …?** Kuda do …?
Pouvez-vous m'aider, s'il vous plaît ?	**Можете ли ми, молим вас, помоћи?** Možete li mi, molim vas, pomoći?
Je cherche …	**Тражим …** Tražim …
La sortie, s'il vous plaît?	**Тражим излаз.** Tražim izlaz
Je vais à …	**Идем до …** Idem do …
C'est la bonne direction pour …?	**Јесам ли на правом путу до …?** Jesam li na pravom putu do …?
C'est loin?	**Да ли је далеко?** Da li je daleko?
Est-ce que je peux y aller à pied?	**Могу ли до тамо пешке?** Mogu li do tamo peške?
Pouvez-vous me le montrer sur la carte?	**Можете ли да ми покажете на мапи?** Možete li da mi pokažete na mapi?
Montrez-moi où sommes-nous, s'il vous plaît.	**Покажите ми где смо ми сада.** Pokažite mi gde smo mi sada
Ici	**Овде** Ovde
Là-bas	**Тамо** Tamo
Par ici	**Овим путем** Ovim putem
Tournez à droite.	**Скрените десно.** Skrenite desno
Tournez à gauche.	**Скрените лево.** Skrenite levo
Prenez la première (deuxième, troisième) rue.	**прво (друго, треће) скретање** prvo (drugo, treće) skretanje
à droite	**десно** desno

à gauche

лево
levo

Continuez tout droit.

Идите само право.
Idite samo pravo

Affiches, Pancartes

BIENVENUE!	**ДОБРОДОШЛИ!** DOBRODOŠLI!
ENTRÉE	**УЛАЗ** ULAZ
SORTIE	**ИЗЛАЗ** IZLAZ
POUSSEZ	**ГУРАЈ** GURAJ
TIREZ	**ВУЦИ** VUCI
OUVERT	**ОТВОРЕНО** OTVORENO
FERMÉ	**ЗАТВОРЕНО** ZATVORENO
POUR LES FEMMES	**ЗА ЖЕНЕ** ZA ŽENE
POUR LES HOMMES	**ЗА МУШКАРЦЕ** ZA MUŠKARCE
MESSIEURS	**МУШКАРЦИ** MUŠKARCI
FEMMES	**ЖЕНЕ** ŽENE
RABAIS	SOLDES	**ПРОДАЈА** PRODAJA
PROMOTION	**РАСПРОДАЈА** RASPRODAJA
GRATUIT	**БЕСПЛАТНО** BESPLATNO
NOUVEAU!	**НОВО!** NOVO!
ATTENTION!	**ПАЖЊА!** PAŽNJA!
COMPLET	**НЕМА СЛОБОДНИХ МЕСТА** NEMA SLOBODNIH MESTA
RÉSERVÉ	**РЕЗЕРВИСАНО** REZERVISANO
ADMINISTRATION	**АДМИНИСТРАЦИЈА** ADMINISTRACIJA
PERSONNEL SEULEMENT	**САМО ЗА ЗАПОСЛЕНЕ** SAMO ZA ZAPOSLENE

ATTENTION AU CHIEN!	**ПАС УЈЕДА!** PAS UJEDA!
NE PAS FUMER!	**ЗАБРАЊЕНО ПУШЕЊЕ!** ZABRANJENO PUŠENJE!
NE PAS TOUCHER!	**НЕ ПИПАЈ!** NE PIPAJ!
DANGEREUX	**ОПАСНО** OPASNO
DANGER	**ОПАСНОСТ** OPASNOST
HAUTE TENSION	**ВИСОК НАПОН** VISOK NAPON
BAIGNADE INTERDITE!	**ЗАБРАЊЕНО ПЛИВАЊЕ!** ZABRANJENO PLIVANJE!

HORS SERVICE	EN PANNE	**НЕ РАДИ** NE RADI
INFLAMMABLE	**ЗАПАЉИВО** ZAPALJIVO
INTERDIT	**ЗАБРАЊЕНО** ZABRANJENO
ENTRÉE INTERDITE!	**ЗАБРАЊЕН ПРОЛАЗ!** ZABRANJEN PROLAZ!
PEINTURE FRAÎCHE	**СВЕЖЕ ОКРЕЧЕНО** SVEŽE OKREČENO

FERMÉ POUR TRAVAUX	**ЗАТВОРЕНО ЗБОГ РЕНОВИРАЊА** ZATVORENO ZBOG RENOVIRANJA
TRAVAUX EN COURS	**РАДОВИ НА ПУТУ** RADOVI NA PUTU
DÉVIATION	**ОБИЛАЗАК** OBILAZAK

Transport - Phrases générales

avion	**авион** avion
train	**воз** voz
bus, autobus	**аутобус** autobus
ferry	**трајект** trajekt
taxi	**такси** taksi
voiture	**ауто** auto

horaire	**ред вожње** red vožnje
Où puis-je voir l'horaire?	**Где могу да видим ред вожње?** Gde mogu da vidim red vožnje?
jours ouvrables	**радни дани** radni dani
jours non ouvrables	**викенди** vikendi
jours fériés	**празници** praznici

DÉPART	**ОДЛАЗАК** ODLAZAK
ARRIVÉE	**ДОЛАЗАК** DOLAZAK
RETARDÉE	**КАСНИ** KASNI
ANNULÉE	**ОТКАЗАН** OTKAZAN

prochain	**следећи** sledeći
premier	**први** prvi
dernier	**последњи** poslednji

À quelle heure est le prochain ...?	**Када је следећи ...?** Kada je sledeći ...?
À quelle heure est le premier ...?	**Када је први ...?** Kada je prvi ...?

À quelle heure est le dernier ...?

Када је последњи ...?
Kada je poslednji ...?

correspondance

преседање
presedanje

prendre la correspondance

имати преседање
imati presedanje

Dois-je prendre la correspondance?

Треба ли да преседам?
Treba li da presedam?

Acheter un billet

Où puis-je acheter des billets?	**Где могу да купим карте?** Gde mogu da kupim karte?
billet	**карта** karta
acheter un billet	**купити карту** kupiti kartu
le prix d'un billet	**цена карте** cena karte
Pour aller où?	**Куда?** Kuda?
Quelle destination?	**До које станице?** Do koje stanice?
Je voudrais …	**Треба ми …** Treba mi …
un billet	**једна карта** jedna karta
deux billets	**две карте** dve karte
trois billets	**три карте** tri karte
aller simple	**у једном правцу** u jednom pravcu
aller-retour	**повратна** povratna
première classe	**прва класа** prva klasa
classe économique	**друга класа** druga klasa
aujourd'hui	**данас** danas
demain	**сутра** sutra
après-demain	**прекосутра** prekosutra
dans la matinée	**ујутру** ujutru
l'après-midi	**после подне** posle podne
dans la soirée	**увече** uveče

siège côté couloir	**седиште до пролаза** sedište do prolaza
siège côté fenêtre	**седиште поред прозора** sedište pored prozora
C'est combien?	**Колико?** Koliko?
Puis-je payer avec la carte?	**Могу ли да платим кредитном картицом?** Mogu li da platim kreditnom karticom?

L'autobus

bus, autobus	**Аутобус** Autobus
autocar	**међуградски аутобус** međugradski autobus
arrêt d'autobus	**аутобуска станица** autobuska stanica
Où est l'arrêt d'autobus le plus proche?	**Где је најближа аутобуска станица?** Gde je najbliža autobuska stanica?

numéro	**број** broj
Quel bus dois-je prendre pour aller à …?	**Којим аутобусом стижем до …?** Kojim autobusom stižem do …?
Est-ce que ce bus va à …?	**Да ли овај аутобус иде до …?** Da li ovaj autobus ide do …?
L'autobus passe tous les combien?	**Колико често иду аутобуси?** Koliko često idu autobusi?

chaque quart d'heure	**сваких 15 минута** svakih 15 minuta
chaque demi-heure	**сваких пола сата** svakih pola sata
chaque heure	**сваки сат** svaki sat
plusieurs fois par jour	**неколико пута дневно** nekoliko puta dnevno
… fois par jour	**… пута дневно** … puta dnevno

horaire	**ред вожње** red vožnje
Où puis-je voir l'horaire?	**Где могу да видим ред вожње?** Gde mogu da vidim red vožnje?
À quelle heure passe le prochain bus?	**Када је следећи аутобус?** Kada je sledeći autobus?
À quelle heure passe le premier bus?	**Када је први аутобус?** Kada je prvi autobus?
À quelle heure passe le dernier bus?	**Када је последњи аутобус?** Kada je poslednji autobus?

arrêt	**станица** stanica
prochain arrêt	**следећа станица** sledeća stanica

terminus	**последња станица** poslednja stanica
Pouvez-vous arrêter ici, s'il vous plaît.	**Станите овде, молим вас.** Stanite ovde, molim vas
Excusez-moi, c'est mon arrêt.	**Извините, ово је моја станица.** Izvinite, ovo je moja stanica

Train

train	**воз** voz
train de banlieue	**приградски воз** prigradski voz
train de grande ligne	**међуградски воз** međugradski voz
la gare	**железничка станица** železnička stanica
Excusez-moi, où est la sortie vers les quais?	**Извините, где је излаз до перона?** Izvinite, gde je izlaz do perona?
Est-ce que ce train va à ...?	**Да ли овај воз иде до ...?** Da li ovaj voz ide do ...?
le prochain train	**следећи воз** sledeći voz
À quelle heure est le prochain train?	**Када полази следећи воз?** Kada polazi sledeći voz?
Où puis-je voir l'horaire?	**Где могу да видим ред вожње?** Gde mogu da vidim red vožnje?
De quel quai?	**Са ког перона?** Sa kog perona?
À quelle heure arrive le train à ...?	**Када воз стиже у ...?** Kada voz stiže u ...?
Pouvez-vous m'aider, s'il vous plaît?	**Молим вас, помозите ми.** Molim vas, pomozite mi
Je cherche ma place.	**Тражим своје место.** Tražim svoje mesto
Nous cherchons nos places.	**Ми тражимо своја места.** Mi tražimo svoja mesta
Ma place est occupée.	**Моје место је заузето.** Moje mesto je zauzeto
Nos places sont occupées.	**Наша места су заузета.** Naša mesta su zauzeta
Excusez-moi, mais c'est ma place.	**Извините, али ово је моје место.** Izvinite, ali ovo je moje mesto
Est-ce que cette place est libre?	**Да ли је ово место заузето?** Da li je ovo mesto zauzeto?
Puis-je m'asseoir ici?	**Могу ли овде да седнем?** Mogu li ovde da sednem?

Sur le train - Dialogue (Pas de billet)

Votre billet, s'il vous plaît.

Карту, молим вас.
Kartu, molim vas

Je n'ai pas de billet.

Немам карту.
Nemam kartu

J'ai perdu mon billet.

Изгубио сам карту.
Izgubio sam kartu

J'ai oublié mon billet à la maison.

Заборавио сам карту код куће.
Zaboravio sam kartu kod kuće

Vous pouvez m'acheter un billet.

Од мене можете купити карту.
Od mene možete kupiti kartu

Vous devrez aussi payer une amende.

**Такође ћете морати
да платите казну.**
Takođe ćete morati
da platite kaznu

D'accord.

У реду.
U redu

Où allez-vous?

Где идете?
Gde idete?

Je vais à …

Идем до …
Idem do …

Combien? Je ne comprend pas.

Колико? Не разумем.
Koliko? Ne razumem

Pouvez-vous l'écrire, s'il vous plaît.

Напишите, молим вас.
Napišite, molim vas

D'accord. Puis-je payer avec la carte?

**У реду. Да ли могу да платим
кредитном картицом?**
U redu. Da li mogu da platim
kreditnom karticom?

Oui, bien sûr.

Да, можете.
Da, možete

Voici votre reçu.

Изволите рачун.
Izvolite račun

Désolé pour l'amende.

Извините због казне.
Izvinite zbog kazne

Ça va. C'est de ma faute.

У реду је. Моја грешка.
U redu je. Moja greška

Bon voyage.

Уживајте у путовању.
Uživajte u putovanju

Taxi

taxi	**такси** taksi
chauffeur de taxi	**таксиста** taksista
prendre un taxi	**ухватити такси** uhvatiti taksi
arrêt de taxi	**такси станица** taksi stanica
Où puis-je trouver un taxi?	**Где могу да нађем такси?** Gde mogu da nađem taksi?
appeler un taxi	**позвати такси** pozvati taksi
Il me faut un taxi.	**Треба ми такси.** Treba mi taksi
maintenant	**Одмах.** Odmah
Quelle est votre adresse?	**Која је ваша адреса?** Koja je vaša adresa?
Mon adresse est …	**Моја адреса је …** Moja adresa je …
Votre destination?	**Докле идете?** Dokle idete?
Excusez-moi, …	**Извините …** Izvinite …
Vous êtes libre ?	**Да ли сте слободни?** Da li ste slobodni?
Combien ça coûte pour aller à …?	**Колико кошта до …?** Koliko košta do …?
Vous savez où ça se trouve?	**Да ли знате где је?** Da li znate gde je?
À l'aéroport, s'il vous plaît.	**Аеродром, молим.** Aerodrom, molim
Arrêtez ici, s'il vous plaît.	**Станите овде, молим вас.** Stanite ovde, molim vas
Ce n'est pas ici.	**Није овде.** Nije ovde
C'est la mauvaise adresse.	**Ово је погрешна адреса.** Ovo je pogrešna adresa
tournez à gauche	**скрените лево** skrenite levo
tournez à droite	**скрените десно** skrenite desno

Combien je vous dois?	**Колико вам дугујем?** Koliko vam dugujem?
J'aimerais avoir un reçu, s'il vous plaît.	**Рачун, молим.** Račun, molim
Gardez la monnaie.	**Задржите кусур.** Zadržite kusur
Attendez-moi, s'il vous plaît …	**Да ли бисте ме сачекали,** **молим вас?** Da li biste me sačekali, molim vas?
cinq minutes	**пет минута** pet minuta
dix minutes	**десет минута** deset minuta
quinze minutes	**петнаест минута** petnaest minuta
vingt minutes	**двадесет минута** dvadeset minuta
une demi-heure	**пола сата** pola sata

Hôtel

Bonjour.	**Добар дан.** Dobar dan
Je m'appelle …	**Ја се зовем …** Ja se zovem …
J'ai réservé une chambre.	**Имам резервацију.** Imam rezervaciju
Je voudrais …	**Треба ми …** Treba mi …
une chambre simple	**једнокреветна соба** jednokrevetna soba
une chambre double	**двокреветна соба** dvokrevetna soba
C'est combien?	**Колико је то?** Koliko je to?
C'est un peu cher.	**То је мало скупо.** To je malo skupo
Avez-vous autre chose?	**Да ли имате неку другу могућност?** Da li imate neku drugu mogućnost?
Je vais la prendre.	**Узећу то.** Uzeću to
Je vais payer comptant.	**Платићу готовином.** Platiću gotovinom
J'ai un problème.	**Имам проблем.** Imam problem
Mon … est cassé.	**Мој … је сломљен** **/Моја… је сломљена/.** Moj … je slomljen /slomljena/
Mon … ne fonctionne pas.	**Мој /Моја/ … не ради.** Moj /Moja/ … ne radi
télé	**телевизор** televizor
air conditionné	**клима уређај** klima uređaj
robinet	**славина** slavina
douche	**туш** tuš
évier	**лавабо** lavabo

coffre-fort	**сеф** sef
serrure de porte	**брава** brava
prise électrique	**електрична утичница** električna utičnica
sèche-cheveux	**фен** fen

Je n'ai pas ...	**Немам ...** Nemam ...
d'eau	**воде** vode
de lumière	**светла** svetla
d'électricité	**струје** struje

Pouvez-vous me donner ...?	**Можете ли ми дати ...?** Možete li mi dati ...?
une serviette	**пешкир** peškir
une couverture	**ћебе** ćebe
des pantoufles	**папуче** papuče
une robe de chambre	**баде-мантил** bade-mantil
du shampoing	**мало шампона** malo šampona
du savon	**мало сапуна** malo sapuna

Je voudrais changer ma chambre.	**Хоћу да заменим собу.** Hoću da zamenim sobu
Je ne trouve pas ma clé.	**Не могу да нађем свој кључ.** Ne mogu da nađem svoj ključ
Pourriez-vous ouvrir ma chambre, s'il vous plaît?	**Можете ли ми отворити собу, молим вас?** Možete li mi otvoriti sobu, molim vas?
Qui est là?	**Ко је тамо?** Ko je tamo?
Entrez!	**Уђите!** Uđite!
Une minute!	**Само тренутак!** Samo trenutak!

Pas maintenant, s'il vous plaît.	**Не сада, молим вас.** Ne sada, molim vas
Pouvez-vous venir à ma chambre, s'il vous plaît.	**Дођите у моју собу, молим вас.** Dođite u moju sobu, molim vas

J'aimerais avoir le service d'étage.	**Хтео бих да поручим храну.** Hteo bih da poručim hranu
Mon numéro de chambre est le …	**Број моје собе је …** Broj moje sobe je …

Je pars …	**Одлазим …** Odlazim …
Nous partons …	**Ми одлазимо …** Mi odlazimo …
maintenant	**одмах** odmah
cet après-midi	**овог поподнева** ovog popodneva
ce soir	**вечерас** večeras
demain	**сутра** sutra
demain matin	**сутра ујутру** sutra ujutru
demain après-midi	**сутра увече** sutra uveče
après-demain	**прекосутра** prekosutra

Je voudrais régler mon compte.	**Хтео бих да платим.** Hteo bih da platim
Tout était merveilleux.	**Све је било дивно.** Sve je bilo divno
Où puis-je trouver un taxi?	**Где могу да нађем такси?** Gde mogu da nađem taksi?
Pourriez-vous m'appeler un taxi, s'il vous plaît?	**Да ли бисте ми позвали такси, молим вас?** Da li biste mi pozvali taksi, molim vas?

Restaurant

Puis-je voir le menu, s'il vous plaît?

Могу ли да погледам мени, молим вас?
Mogu li da pogledam meni, molim vas?

Une table pour une personne.

Сто за једног.
Sto za jednog

Nous sommes deux (trois, quatre).

Има нас двоје (троје, четворо).
Ima nas dvoje (troje, četvoro)

Fumeurs

За пушаче
Za pušače

Non-fumeurs

За непушаче
Za nepušače

S'il vous plaît!

Конобар!
Konobar!

menu

мени
meni

carte des vins

винска карта
vinska karta

Le menu, s'il vous plaît.

Мени, молим вас.
Meni, molim vas

Êtes-vous prêts à commander?

Да ли сте спремни да наручите?
Da li ste spremni da naručite?

Qu'allez-vous prendre?

Шта бисте хтели?
Šta biste hteli?

Je vais prendre ...

Ja ħy ...
Ja ću ...

Je suis végétarien.

Ja сам вегетеријанац /вегетаријанка/.
Ja sam vegeterijanac /vegetarijanka/

viande

месо
meso

poisson

рибу
ribu

légumes

поврђе
povrće

Avez-vous des plats végétariens?

Имате ли вегетеријанска јела?
Imate li vegeterijanska jela?

Je ne mange pas de porc.

Не једем свињетину.
Ne jedem svinjetinu

Il /elle/ ne mange pas de viande.

Он /Она/ не једе месо.
On /Ona/ ne jede meso

Je suis allergique à …

Алергичан /Алергична/ сам на …
Alergičan /Alergična/ sam na …

Pourriez-vous m'apporter …,
s'il vous plaît.

Да ли бисте ми,
молим вас, донели …
Da li biste mi,
molim vas, doneli …

le sel | le poivre | du sucre

со | бибер | шећер
so | biber | šećer

un café | un thé | un dessert

кафу | чај | десерт
kafu | čaj | dezert

de l'eau | gazeuse | plate

воду | газирану | негазирану
vodu | gaziranu | negaziranu

une cuillère | une fourchette | un couteau

кашику | виљушку | нож
kašiku | viljušku | nož

une assiette | une serviette

тањир | салвету
tanjir | salvetu

Bon appétit!

Пријатно!
Prijatno!

Un de plus, s'il vous plaît.

Још једно, молим.
Još jedno, molim

C'était délicieux.

Било је изврсно.
Bilo je izvrsno

---

l'addition | de la monnaie | le pourboire

рачун | кусур | бакшиш
račun | kusur | bakšiš

L'addition, s'il vous plaît.

Рачун, молим.
Račun, molim

Puis-je payer avec la carte?

Могу ли да платим
кредитном картицом?
Mogu li da platim
kreditnom karticom?

Excusez-moi, je crois qu'il y a une
erreur ici.

Извините, овде је грешка.
Izvinite, ovde je greška

Shopping. Faire les Magasins

Est-ce que je peux vous aider?	**Могу ли да вам помогнем?** Mogu li da vam pomognem?
Avez-vous … ?	**Имате ли …?** Imate li …?
Je cherche …	**Тражим …** Tražim …
Il me faut …	**Треба ми …** Treba mi …
Je regarde seulement, merci.	**Само гледам.** Samo gledam
Nous regardons seulement, merci.	**Само гледамо.** Samo gledamo
Je reviendrai plus tard.	**Вратићу се касније.** Vratiću se kasnije
On reviendra plus tard.	**Вратићемо се касније.** Vratićemo se kasnije
Rabais | Soldes	**попусти | распродаја** popusti | rasprodaja
Montrez-moi, s'il vous plaît …	**Да ли бисте ми, молим вас, показали …** Da li biste mi, molim vas, pokazali …
Donnez-moi, s'il vous plaît …	**Да ли бисте ми, молим вас, дали …** Da li biste mi, molim vas, dali …
Est-ce que je peux l'essayer?	**Могу ли да пробам?** Mogu li da probam?
Excusez-moi, où est la cabine d'essayage?	**Извините, где је кабина за пресвлачење?** Izvinite, gde je kabina za presvlačenje?
Quelle couleur aimeriez-vous?	**Коју боју бисте хтели?** Koju boju biste hteli?
taille | longueur	**величина | дужина** veličina | dužina
Est-ce que la taille convient ?	**Како ми стоји?** Kako mi stoji?
Combien ça coûte?	**Колико кошта?** Koliko košta?
C'est trop cher.	**То је прескупо.** To je preskupo
Je vais le prendre.	**Узећу то.** Uzeću to

Excusez-moi, où est la caisse?

Извините, где се плаћа?
Izvinite, gde se plaća?

Payerez-vous comptant ou par carte de crédit?

Плаћате ли готовином или кредитном картицом?
Plaćate li gotovinom ili kreditnom karticom?

Comptant | par carte de crédit

Готовином | кредитном картицом
Gotovinom | kreditnom karticom

Voulez-vous un reçu?

Желите ли рачун?
Želite li račun?

Oui, s'il vous plaît.

Да, молим.
Da, molim

Non, ce n'est pas nécessaire.

Не, у реду је.
Ne, u redu je

Merci. Bonne journée!

Хвала. Пријатно!
Hvala. Prijatno!

En ville

Excusez-moi, …	**Извините, молим вас …** Izvinite, molim vas …
Je cherche …	**Тражим …** Tražim …
le métro	**метро** metro
mon hôtel	**свој хотел** svoj hotel
le cinéma	**биоскоп** bioskop
un arrêt de taxi	**такси станицу** taksi stanicu
un distributeur	**банкомат** bankomat
un bureau de change	**мењачницу** menjačnicu
un café internet	**интернет кафе** internet kafe
la rue …	**улицу …** ulicu …
cette place-ci	**ово место** ovo mesto
Savez-vous où se trouve …?	**Знате ли где је …?** Znate li gde je …?
Quelle est cette rue?	**Која је ово улица?** Koja je ovo ulica?
Montrez-moi où sommes-nous, s'il vous plaît.	**Покажите ми где смо ми сада.** Pokažite mi gde smo mi sada
Est-ce que je peux y aller à pied?	**Могу ли до тамо пешке?** Mogu li do tamo peške?
Avez-vous une carte de la ville?	**Имате ли мапу града?** Imate li mapu grada?
C'est combien pour un ticket?	**Колико кошта улазница?** Koliko košta ulaznica?
Est-ce que je peux faire des photos?	**Могу ли овде да се сликам?** Mogu li ovde da se slikam?
Êtes-vous ouvert?	**Да ли радите?** Da li radite?

À quelle heure ouvrez-vous?

Када отварате?
Kada otvarate?

À quelle heure fermez-vous?

Када затварате?
Kada zatvarate?

L'argent

argent	**новац** novac
argent liquide	**готовина** gotovina
des billets	**папирни новац** papirni novac
petite monnaie	**кусур, ситниш** kusur, sitniš
l'addition | de la monnaie | le pourboire	**рачун | кусур | бакшиш** račun | kusur | bakšiš

carte de crédit	**кредитна картица** kreditna kartica
portefeuille	**новчаник** novčanik
acheter	**купити** kupiti
payer	**платити** platiti
amende	**казна** kazna
gratuit	**бесплатно** besplatno

Où puis-je acheter … ?	**Где могу да купим …?** Gde mogu da kupim …?
Est-ce que la banque est ouverte en ce moment?	**Да ли је банка отворена сада?** Da li je banka otvorena sada?
À quelle heure ouvre-t-elle?	**Када се отвара?** Kada se otvara?
À quelle heure ferme-t-elle?	**Када се затвара?** Kada se zatvara?

C'est combien?	**Колико?** Koliko?
Combien ça coûte?	**Колико ово кошта?** Koliko ovo košta?
C'est trop cher.	**То је прескупо.** To je preskupo

Excusez-moi, où est la caisse?	**Извините, где се плаћа?** Izvinite, gde se plaća?
L'addition, s'il vous plaît.	**Рачун, молим.** Račun, molim

Puis-je payer avec la carte?

Могу ли да платим кредитном картицом?
Mogu li da platim kreditnom karticom?

Est-ce qu'il y a un distributeur ici?

Да ли овде негде има банкомат?
Da li ovde negde ima bankomat?

Je cherche un distributeur.

Тражим банкомат.
Tražim bankomat

Je cherche un bureau de change.

Тражим мењачницу.
Tražim menjačnicu

Je voudrais changer ...

Хтео бих да заменим ...
Hteo bih da zamenim ...

Quel est le taux de change?

Колики је курс?
Koliki je kurs?

Avez-vous besoin de mon passeport?

Да ли вам треба мој пасош?
Da li vam treba moj pasoš?

Le temps

Quelle heure est-il?	**Колико је сати?** Koliko je sati?
Quand?	**Када?** Kada?
À quelle heure?	**У колико сати?** U koliko sati?
maintenant | plus tard | après …	**сада | касније | после …** sada | kasnije | posle …
une heure	**један сат** jedan sat
une heure et quart	**један и петнаест** jedan i petnaest
une heure et demie	**пола два** pola dva
deux heures moins quart	**петнаест до два** petnaest do dva
un | deux | trois	**један | два | три** jedan | dva | tri
quatre | cinq | six	**четири | пет | шест** četiri | pet | šest
sept | huit | neuf	**седам | осам | девет** sedam | osam | devet
dix | onze | douze	**десет | једанаест | дванаест** deset | jedanaest | dvanaest
dans …	**за …** za …
cinq minutes	**пет минута** pet minuta
dix minutes	**десет минута** deset minuta
quinze minutes	**петнаест минута** petnaest minuta
vingt minutes	**двадесет минута** dvadeset minuta
une demi-heure	**пола сата** pola sata
une heure	**сат времена** sat vremena

dans la matinée	**ујутру** ujutru
tôt le matin	**рано ујутру** rano ujutru
ce matin	**овог јутра** ovog jutra
demain matin	**сутра ујутру** sutra ujutru

à midi	**за време ручка** za vreme ručka
dans l'après-midi	**после подне** posle podne
dans la soirée	**увече** uveče
ce soir	**вечерас** večeras

la nuit	**ноћу** noću
hier	**јуче** juče
aujourd'hui	**данас** danas
demain	**сутра** sutra
après-demain	**прекосутра** prekosutra

Quel jour sommes-nous aujourd'hui?	**Који је данас дан?** Koji je danas dan?
Nous sommes …	**Данас је …** Danas je …
lundi	**Понедељак** Ponedeljak
mardi	**Уторак** Utorak
mercredi	**Среда** Sreda

jeudi	**Четвртак** Četvrtak
vendredi	**Петак** Petak
samedi	**Субота** Subota
dimanche	**Недеља** Nedelja

Salutations - Introductions

Bonjour.
Здраво.
Zdravo

Enchanté /Enchantée/
Драго ми је што смо се упознали.
Drago mi je što smo se upoznali

Moi aussi.
И мени.
I meni

Je voudrais vous présenter …
Хтео бих да упознаш …
Hteo bih da upoznaš …

Ravi de vous rencontrer.
Драго ми је што смо се упознали.
Drago mi je što smo se upoznali

Comment allez-vous?
Како сте?
Kako ste?

Je m'appelle …
Ја се зовем …
Ja se zovem …

Il s'appelle …
Он се зове …
On se zove …

Elle s'appelle …
Она се зове …
Ona se zove …

Comment vous appelez-vous?
Како се ви зовете?
Kako se vi zovete?

Quel est son nom? (m)
Како се он зове?
Kako se on zove?

Quel est son nom? (f)
Како се она зове?
Kako se ona zove?

Quel est votre nom de famille?
Како се презивате?
Kako se prezivate?

Vous pouvez m'appeler …
Можете ме звати …
Možete me zvati …

D'où êtes-vous?
Одакле сте?
Odakle ste?

Je suis de …
Ја сам из …
Ja sam iz …

Qu'est-ce que vous faites dans la vie?
Чиме се бавите?
Čime se bavite?

Qui est-ce?
Ко је ово?
Ko je ovo?

Qui est-il?
Ко је он?
Ko je on?

Qui est-elle?
Ко је она?
Ko je ona?

Qui sont-ils?
Ко су они?
Ko su oni?

C'est …	**Ово је …** Ovo je …
mon ami	**мој пријатељ** moj prijatelj
mon amie	**моја пријатељица** moja prijateljica
mon mari	**мој муж** moj muž
ma femme	**моја жена** moja žena
mon père	**мој отац** moj otac
ma mère	**моја мајка** moja majka
mon frère	**мој брат** moj brat
ma sœur	**моја сестра** moja sestra
mon fils	**мој син** moj sin
ma fille	**моја ћерка** moja ćerka
C'est notre fils.	**Ово је наш син.** Ovo je naš sin
C'est notre fille.	**Ово је наша ћерка.** Ovo je naša ćerka
Ce sont mes enfants.	**Ово су моја деца.** Ovo su moja deca
Ce sont nos enfants.	**Ово су наша деца.** Ovo su naša deca

Les adieux

Au revoir!

Довиђења!
Doviđenja!

Salut!

Ћао!
Ćao!

À demain.

Видимо се сутра.
Vidimo se sutra

À bientôt.

Видимо се ускоро.
Vidimo se uskoro

On se revoit à sept heures.

Видимо се у седам.
Vidimo se u sedam

Amusez-vous bien!

Лепо се проведите!
Lepo se provedite!

On se voit plus tard.

Чујемо се касније.
Čujemo se kasnije

Bonne fin de semaine.

Леп викенд.
Lep vikend

Bonne nuit.

Лаку ноћ.
Laku noć

Il est l'heure que je parte.

Време је да кренем.
Vreme je da krenem

Je dois m'en aller.

Морам да кренем.
Moram da krenem

Je reviens tout de suite.

Одмах се враћам.
Odmah se vraćam

Il est tard.

Касно је.
Kasno je

Je dois me lever tôt.

Морам рано да устанем.
Moram rano da ustanem

Je pars demain.

Одлазим сутра.
Odlazim sutra

Nous partons demain.

Одлазимо сутра.
Odlazimo sutra

Bon voyage!

Лепо се проведите на путу!
Lepo se provedite na putu!

Enchanté de faire votre connaissance.

Драго ми је што смо се упознали.
Drago mi je što smo se upoznali

Heureux /Heureuse/ d'avoir
parlé avec vous.

Драго ми је што смо поразговарали.
Drago mi je što smo porazgovarali

Merci pour tout.

Хвала на свему.
Hvala na svemu

Je me suis vraiment amusé /amusée/	**Лепо сам се провео /провела/.** Lepo sam se proveo /provela/
Nous nous sommes vraiment amusés /amusées/	**Лепо смо се провели.** Lepo smo se proveli
C'était vraiment plaisant.	**Било је супер.** Bilo je super
Vous allez me manquer.	**Недостајаћете ми.** Nedostajaćete mi
Vous allez nous manquer.	**Недостајаћете нам.** Nedostajaćete nam

Bonne chance!	**Срећно!** Srećno!
Mes salutations à …	**Поздравите …** Pozdravite …

Une langue étrangère

Je ne comprends pas.	**Не разумем.** Ne razumem
Écrivez-le, s'il vous plaît.	**Можете ли то записати?** Možete li to zapisati?
Parlez-vous ...?	**Да ли говорите ...?** Da li govorite ...?

Je parle un peu ...	**Помало говорим ...** Pomalo govorim ...
anglais	**Енглески** Engleski
turc	**Турски** Turski
arabe	**Арапски** Arapski

français	**Француски** Francuski
allemand	**Немачки** Nemački
italien	**Италијански** Italijanski

espagnol	**Шпански** Španski
portugais	**Португалски** Portugalski
chinois	**Кинески** Kineski
japonais	**Јапански** Japanski

Pouvez-vous le répéter, s'il vous plaît.	**Можете ли то да поновите, молим вас.** Možete li to da ponovite, molim vas
Je comprends.	**Разумем.** Razumem
Je ne comprends pas.	**Не разумем.** Ne razumem
Parlez plus lentement, s'il vous plaît.	**Молим вас, говорите спорије.** Molim vas, govorite sporije

Est-ce que c'est correct?

Јел' тако?
Jel' tako?

Qu'est-ce que c'est?

Шта је ово?
Šta je ovo?

Les excuses

Excusez-moi, s'il vous plaît.	**Извините, молим вас.** Izvinite, molim vas
Je suis désolé /désolée/	**Извините.** Izvinite
Je suis vraiment /désolée/	**Јако ми је жао.** Jako mi je žao
Désolé /Désolée/, c'est ma faute.	**Извините, ја сам крив.** Izvinite, ja sam kriv
Au temps pour moi.	**Моја грешка.** Moja greška
Puis-je ... ?	**Смем ли ...?** Smem li ...?
Ça vous dérange si je ...?	**Да ли би вам сметало да ...?** Da li bi vam smetalo da ...?
Ce n'est pas grave.	**OK је.** OK je
Ça va.	**У реду је.** U redu je
Ne vous inquiétez pas.	**Не брините.** Ne brinite

Les accords

Oui	**Да.** Da
Oui, bien sûr.	**Да, свакако.** Da, svakako
Bien.	**Добро, важи!** Dobro, važi!
Très bien.	**Врло добро.** Vrlo dobro
Bien sûr!	**Свакако!** Svakako!
Je suis d'accord.	**Слажем се.** Slažem se
C'est correct.	**Тако је.** Tako je
C'est exact.	**То је тачно.** To je tačno
Vous avez raison.	**Ви сте у праву.** Vi ste u pravu
Je ne suis pas contre.	**Не смета ми.** Ne smeta mi
Tout à fait correct.	**Потпуно тачно.** Potpuno tačno
C'est possible.	**Могуће је.** Moguće je
C'est une bonne idée.	**То је добра идеја.** To je dobra ideja
Je ne peux pas dire non.	**Не могу да одбијем.** Ne mogu da odbijem
J'en serai ravi /ravie/	**Биће ми задовољство.** Biće mi zadovoljstvo
Avec plaisir.	**Са задовољством.** Sa zadovoljstvom

Refus, exprimer le doute

Non	**Не.** Ne
Absolument pas.	**Нипошто.** Nipošto
Je ne suis pas d'accord.	**Не слажем се.** Ne slažem se
Je ne le crois pas.	**Не мислим тако.** Ne mislim tako
Ce n'est pas vrai.	**Није истина.** Nije istina
Vous avez tort.	**Грешите.** Grešite
Je pense que vous avez tort.	**Мислим да грешите.** Mislim da grešite
Je ne suis pas sûr /sûre/	**Нисам сигуран /сигурна/.** Nisam siguran /sigurna/
C'est impossible.	**Немогуће.** Nemoguće
Pas du tout!	**Нема шансе!** Nema šanse!
Au contraire!	**Потпуно супротно.** Potpuno suprotno
Je suis contre.	**Ја сам против тога.** Ja sam protiv toga
Ça m'est égal.	**Баш ме брига.** Baš me briga
Je n'ai aucune idée.	**Немам појма.** Nemam pojma
Je doute que cela soit ainsi.	**Не мислим тако.** Ne mislim tako
Désolé /Désolée/, je ne peux pas.	**Жао ми је, не могу.** Žao mi je, ne mogu
Désolé /Désolée/, je ne veux pas.	**Жао ми је, не желим.** Žao mi je, ne želim
Merci, mais ça ne m'intéresse pas.	**Хвала, али то ми није потребно.** Hvala, ali to mi nije potrebno
Il se fait tard.	**Већ је касно.** Već je kasno

Je dois me lever tôt.

Морам рано да устанем.
Moram rano da ustanem

Je ne me sens pas bien.

Не осећам се добро.
Ne osećam se dobro

Exprimer la gratitude

Merci.	**Хвала вам.** Hvala vam
Merci beaucoup.	**Много вам хвала.** Mnogo vam hvala
Je l'apprécie beaucoup.	**Заиста то ценим.** Zaista to cenim
Je vous suis très reconnaissant.	**Заиста сам вам захвалан /захвална/.** Zaista sam vam zahvalan /zahvalna/
Nous vous sommes très reconnaissant.	**Заиста смо вам захвални.** Zaista smo vam zahvalni
Merci pour votre temps.	**Хвала вам на времену.** Hvala vam na vremenu
Merci pour tout.	**Хвала на свему.** Hvala na svemu
Merci pour …	**Хвала вам на …** Hvala vam na …
votre aide	**вашој помоћи** vašoj pomoći
les bons moments passés	**на лепом проводу** na lepom provodu
un repas merveilleux	**лепом оброку** lepom obroku
cette agréable soirée	**лепој вечери** lepoj večeri
cette merveilleuse journée	**дивном дану** divnom danu
une excursion extraordinaire	**сјајном путовању** sjajnom putovanju
Il n'y a pas de quoi.	**Није то ништа.** Nije to ništa
Vous êtes les bienvenus.	**Нема на чему.** Nema na čemu
Mon plaisir.	**У свако доба.** U svako doba
J'ai été heureux /heureuse/ de vous aider.	**Било ми је задовољство.** Bilo mi je zadovoljstvo
Ça va. N'y pensez plus.	**Заборавите на то.** Zaboravite na to
Ne vous inquiétez pas.	**Не брините за то.** Ne brinite za to

Félicitations. Vœux de fête

Félicitations!	**Честитам!** Čestitam!
Joyeux anniversaire!	**Срећан рођендан!** Srećan rođendan!
Joyeux Noël!	**Срећан Божић!** Srećan Božić!
Bonne Année!	**Срећна Нова година!** Srećna Nova godina!
Joyeuses Pâques!	**Срећан Ускрс!** Srećan Uskrs!
Joyeux Hanoukka!	**Срећна Ханука!** Srećna Hanuka!
Je voudrais proposer un toast.	**Хтео бих да наздравим.** Hteo bih da nazdravim
Santé!	**Живели!** Živeli!
Buvons à …!	**Попијмо у име …!** Popijmo u ime …!
À notre succès!	**За наш успех!** Za naš uspeh!
À votre succès!	**За ваш успех!** Za vaš uspeh!
Bonne chance!	**Срећно!** Srećno!
Bonne journée!	**Пријатан дан!** Prijatan dan!
Passez de bonnes vacances !	**Уживајте на одмору!** Uživajte na odmoru!
Bon voyage!	**Срећан пут!** Srećan put!
Rétablissez-vous vite.	**Надам се да ћете се ускоро опоравити!** Nadam se da ćete se uskoro oporaviti!

Socialiser

Pourquoi êtes-vous si triste?	**Зашто си тужна?** Zašto si tužna?
Souriez!	**Насмеши се! Разведри се!** Nasmeši se! Razvedri se!
Êtes-vous libre ce soir?	**Да ли си слободна вечерас?** Da li si slobodna večeras?
Puis-je vous offrir un verre?	**Могу ли вам понудити пиће?** Mogu li vam ponuditi piće?
Voulez-vous danser?	**Да ли сте за плес?** Da li ste za ples?
Et si on va au cinéma?	**Хајдемо у биоскоп.** Hajdemo u bioskop
Puis-je vous inviter …	**Могу ли вас позвати у …?** Mogu li vas pozvati u …?
au restaurant	**ресторан** restoran
au cinéma	**биоскоп** bioskop
au théâtre	**позориште** pozorište
pour une promenade	**у шетњу** u šetnju
À quelle heure?	**У колико сати?** U koliko sati?
ce soir	**вечерас** večeras
à six heures	**у шест** u šest
à sept heures	**у седам** u sedam
à huit heures	**у осам** u osam
à neuf heures	**у девет** u devet
Est-ce que vous aimez cet endroit?	**Да ли ти се допада овде?** Da li ti se dopada ovde?
Êtes-vous ici avec quelqu'un?	**Да ли си овде са неким?** Da li si ovde sa nekim?
Je suis avec mon ami.	**Са пријатељем /пријатељицом/.** Sa prijateljem /prijateljicom/

Je suis avec mes amis.	**Са пријатељима.** Sa prijateljima
Non, je suis seul /seule/	**Не, сâм сам. /Не, сама сам/.** Ne, sâm sam. /Ne, sama sam/

As-tu un copain?	**Да ли имаш дечка?** Da li imaš dečka?
J'ai un copain.	**Имам дечка.** Imam dečka
As-tu une copine?	**Да ли имаш девојку?** Da li imaš devojku?
J'ai une copine.	**Имам девојку.** Imam devojku

Est-ce que je peux te revoir?	**Могу ли опет да те видим?** Mogu li opet da te vidim?
Est-ce que je peux t'appeler?	**Могу ли да те позовем?** Mogu li da te pozovem?
Appelle-moi.	**Позови ме.** Pozovi me
Quel est ton numéro?	**Који ти је број телефона?** Koji ti je broj telefona?
Tu me manques.	**Недостајеш ми.** Nedostaješ mi

Vous avez un très beau nom.	**Имате лепо име.** Imate lepo ime
Je t'aime.	**Волим те.** Volim te
Veux-tu te marier avec moi?	**Удај се за мене.** Udaj se za mene
Vous plaisantez!	**Шалите се!** Šalite se!
Je plaisante.	**Само се шалим.** Samo se šalim

Êtes-vous sérieux /sérieuse/?	**Да ли сте озбиљни?** Da li ste ozbiljni?
Je suis sérieux /sérieuse/	**Озбиљан сам.** Ozbiljan sam
Vraiment?!	**Стварно?!** Stvarno?!
C'est incroyable!	**То је невероватно!** To je neverovatno!
Je ne vous crois pas.	**Не верујем вам.** Ne verujem vam
Je ne peux pas.	**Не могу.** Ne mogu
Je ne sais pas.	**Не знам.** Ne znam
Je ne vous comprends pas	**Не разумем те.** Ne razumem te

Laissez-moi! Allez-vous-en!

Молим вас, одлазите.
Molim vas, odlazite

Laissez-moi tranquille!

Оставите ме на миру!
Ostavite me na miru!

Je ne le supporte pas.

Не могу да га поднесем.
Ne mogu da ga podnesem

Vous êtes dégoûtant!

Одвратни сте!
Odvratni ste!

Je vais appeler la police!

Зваћу полицију!
Zvaću policiju!

Partager des impressions. Émotions

J'aime ça.	**Свиђа ми се то.** Sviđa mi se to
C'est gentil.	**Баш лепо.** Baš lepo
C'est super!	**То је супер!** To je super!
C'est assez bien.	**Није лоше.** Nije loše
Je n'aime pas ça.	**Не свиђа ми се.** Ne sviđa mi se
Ce n'est pas bien.	**Није добро.** Nije dobro
C'est mauvais.	**Лоше је.** Loše je
Ce n'est pas bien du tout.	**Много је лоше.** Mnogo je loše
C'est dégoûtant.	**Грозно је.** Grozno je
Je suis content /contente/	**Срећан /Срећна/ сам.** Srećan /Srećna/ sam
Je suis heureux /heureuse/	**Задовољан /Задовољна/ сам.** Zadovoljan /Zadovoljna/ sam
Je suis amoureux /amoureuse/	**Заљубљен /Заљубљена/ сам.** Zaljubljen /Zaljubljena/ sam
Je suis calme.	**Миран /Мирна/ сам.** Miran /Mirna/ sam
Je m'ennuie.	**Досадно ми је.** Dosadno mi je
Je suis fatigué /fatiguée/	**Уморан /Уморна/ сам.** Umoran /Umorna/ sam
Je suis triste.	**Тужан /Тужна/ сам.** Tužan /Tužna/ sam
J'ai peur.	**Уплашен /Уплашена/ сам.** Uplašen /Uplašena/ sam
Je suis fâché /fâchée/	**Љут /Љута/ сам.** Ljut /Ljuta/ sam
Je suis inquiet /inquiète/	**Забринут /Забринута/ сам.** Zabrinut /Zabrinuta/ sam
Je suis nerveux /nerveuse/	**Нервозан /Нервозна/ сам.** Nervozan /Nervozna/ sam

Je suis jaloux /jalouse/

Љубоморан /Љубоморна/ сам.
Ljubomoran /Ljubomorna/ sam

Je suis surpris /surprise/

Изненађен /Изненађена/ сам.
Iznenađen /Iznenađena/ sam

Je suis gêné /gênée/

Збуњен /Збуњена/ сам.
Zbunjen /Zbunjena/ sam

Problèmes. Accidents

J'ai un problème.	**Имам проблем.** Imam problem
Nous avons un problème.	**Имамо проблем.** Imamo problem
Je suis perdu /perdue/	**Изгубио /Изгубила/ сам се.** Izgubio /Izgubila/ sam se
J'ai manqué le dernier bus (train).	**Пропустио /пропустила/** **сам последњи аутобус (воз).** Propustio /propustila/ sam poslednji autobus (voz)
Je n'ai plus d'argent.	**Немам више новца.** Nemam više novca

J'ai perdu mon …	**Изгубио /Изгубила/ сам …** Izgubio /Izgubila/ sam …
On m'a volé mon …	**Неко ми је украо …** Neko mi je ukrao …
passeport	**пасош** pasoš
portefeuille	**новчаник** novčanik
papiers	**папире** papire
billet	**карту** kartu

argent	**новац** novac
sac à main	**ташну** tašnu
appareil photo	**фото-апарат** foto-aparat
portable	**лаптоп** laptop
ma tablette	**таблет рачунар** tablet računar
mobile	**мобилни телефон** mobilni telefon

Au secours!	**Помозите ми!** Pomozite mi!
Qu'est-il arrivé?	**Шта се десило?** Šta se desilo?

un incendie	**пожар** požar
des coups de feu	**пуцњава** pucnjava
un meurtre	**убиство** ubistvo
une explosion	**експлозија** eksplozija
une bagarre	**туча** tuča

Appelez la police!	**Позовите полицију!** Pozovite policiju!
Dépêchez-vous, s'il vous plaît!	**Молим вас, пожурите!** Molim vas, požurite!
Je cherche le commissariat de police.	**Тражим полицијску станицу.** Tražim policijsku stanicu
Il me faut faire un appel.	**Морам да телефонирам.** Moram da telefoniram
Puis-je utiliser votre téléphone?	**Могу ли да се послужим** **вашим телефоном?** Mogu li da se poslužim vašim telefonom?

J'ai été …	**Неко ме је …** Neko me je …
agressé /agressée/	**покрао** pokrao
volé /volée/	**опљачкао** opljačkao
violée	**силовао** silovao
attaqué /attaquée/	**напао** napao

Est-ce que ça va?	**Да ли сте добро?** Da li ste dobro?
Avez-vous vu qui c'était?	**Да ли сте видели ко је то био?** Da li ste videli ko je to bio?
Pourriez-vous reconnaître cette personne?	**Да ли бисте могли да препознате** **ту особу?** Da li biste mogli da prepoznate tu osobu?
Vous êtes sûr?	**Да ли сте сигурни?** Da li ste sigurni?
Calmez-vous, s'il vous plaît.	**Молим вас, смирите се.** Molim vas, smirite se
Calmez-vous!	**Само полако!** Samo polako!
Ne vous inquiétez pas.	**Не брините!** Ne brinite!

Tout ira bien.

Све ће бити у реду.
Sve će biti u redu

Ça va. Tout va bien.

Све је у реду.
Sve je u redu

Venez ici, s'il vous plaît.

Дођите, молим вас.
Dođite, molim vas

J'ai des questions à vous poser.

Имам питања за вас.
Imam pitanja za vas

Attendez un moment, s'il vous plaît.

Сачекајте, молим вас.
Sačekajte, molim vas

Avez-vous une carte d'identité?

Имате ли исправе?
Imate li isprave?

Merci. Vous pouvez partir maintenant.

Хвала. Можете ићи.
Hvala. Možete ići

Les mains derrière la tête!

Руке иза главе!
Ruke iza glave!

Vous êtes arrêté!

Ухапшени сте!
Uhapšeni ste!

Problèmes de santé

Aidez-moi, s'il vous plaît.	**Молим вас, помозите ми.** Molim vas, pomozite mi
Je ne me sens pas bien.	**Не осећам се добро.** Ne osećam se dobro
Mon mari ne se sent pas bien.	**Мој муж се не осећа добро.** Moj muž se ne oseća dobro
Mon fils ...	**Мој син ...** Moj sin ...
Mon père ...	**Мој отац ...** Moj otac ...

Ma femme ne se sent pas bien.	**Моја жена се не осећа добро.** Moja žena se ne oseća dobro
Ma fille ...	**Моја ћерка ...** Moja ćerka ...
Ma mère ...	**Моја мајка ...** Moja majka ...

J'ai mal ...	**Боли ме ...** Boli me ...
à la tête	**глава** glava
à la gorge	**грло** grlo
à l'estomac	**стомак** stomak
aux dents	**зуб** zub

J'ai le vertige.	**Врти ми се у глави.** Vrti mi se u glavi
Il a de la fièvre.	**Он има температуру.** On ima temperaturu
Elle a de la fièvre.	**Она има температуру.** Ona ima temperaturu
Je ne peux pas respirer.	**Не могу да дишем.** Ne mogu da dišem

J'ai du mal à respirer.	**Не могу да удахнем.** Ne mogu da udahnem
Je suis asthmatique.	**Ја сам асматичар /асматичарка/.** Ja sam asmatičar /asmatičarka/
Je suis diabétique.	**Ја сам дијабетичар /дијабетичарка/.** Ja sam dijabetičar /dijabetičarka/

Je ne peux pas dormir.	**Не могу да спавам.** Ne mogu da spavam
intoxication alimentaire	**тровање храном** trovanje hranom
Ça fait mal ici.	**Овде ме боли.** Ovde me boli
Aidez-moi!	**Помозите ми!** Pomozite mi!
Je suis ici!	**Овде сам!** Ovde sam!
Nous sommes ici!	**Овде смо!** Ovde smo!
Sortez-moi d'ici!	**Вадите ме одавде!** Vadite me odavde!
J'ai besoin d'un docteur.	**Потребан ми је лекар.** Potreban mi je lekar
Je ne peux pas bouger!	**Не могу да се померим.** Ne mogu da se pomerim
Je ne peux pas bouger mes jambes.	**Не могу да померам ноге.** Ne mogu da pomeram noge
Je suis blessé /blessée/	**Имам рану.** Imam ranu
Est-ce que c'est sérieux?	**Да ли је озбиљно?** Da li je ozbiljno?
Mes papiers sont dans ma poche.	**Документа су ми у џепу.** Dokumenta su mi u džepu
Calmez-vous!	**Смирите се!** Smirite se!
Puis-je utiliser votre téléphone?	**Могу ли да се послужим вашим телефоном?** Mogu li da se poslužim vašim telefonom?
Appelez une ambulance!	**Позовите хитну помоћ!** Pozovite hitnu pomoć!
C'est urgent!	**Хитно је!** Hitno je!
C'est une urgence!	**Хитан случај!** Hitan slučaj!
Dépêchez-vous, s'il vous plaît!	**Молим вас, пожурите!** Molim vas, požurite!
Appelez le docteur, s'il vous plaît.	**Молим вас, зовите доктора?** Molim vas, zovite doktora?
Où est l'hôpital?	**Где је болница?** Gde je bolnica?
Comment vous sentez-vous?	**Како се осећате?** Kako se osećate?
Est-ce que ça va?	**Да ли сте добро?** Da li ste dobro?

Qu'est-il arrivé?

Шта се десило?
Šta se desilo?

Je me sens mieux maintenant.

Сада се осећам боље.
Sada se osećam bolje

Ça va. Tout va bien.

OK je.
OK je

Ça va.

У реду је.
U redu je

À la pharmacie

pharmacie	**апотека** apoteka
pharmacie 24 heures	**дежурна апотека** dežurna apoteka
Où se trouve la pharmacie la plus proche?	**Где је најближа апотека?** Gde je najbliža apoteka?
Est-elle ouverte en ce moment?	**Да ли је отворена сада?** Da li je otvorena sada?
À quelle heure ouvre-t-elle?	**Када се отвара?** Kada se otvara?
à quelle heure ferme-t-elle?	**Када се затвара?** Kada se zatvara?
C'est loin?	**Да ли је далеко?** Da li je daleko?
Est-ce que je peux y aller à pied?	**Могу ли до тамо пешке?** Mogu li do tamo peške?
Pouvez-vous me le montrer sur la carte?	**Можете ли да ми покажете на мапи?** Možete li da mi pokažete na mapi?
Pouvez-vous me donner quelque chose contre ...	**Молим вас, дајте ми нешто за ...** Molim vas, dajte mi nešto za ...
le mal de tête	**главобољу** glavobolju
la toux	**кашаљ** kašalj
le rhume	**прехладу** prehladu
la grippe	**грип** grip
la fièvre	**температуру** temperaturu
un mal d'estomac	**стомачне тегобе** stomačne tegobe
la nausée	**мучнину** mučninu
la diarrhée	**дијареју** dijareju
la constipation	**констипацију** konstipaciju
un mal de dos	**болове у леђима** bolove u leđima

les douleurs de poitrine	**болове у грудима** bolove u grudima
les points de côté	**бол у боку** bol u boku
les douleurs abdominales	**бол у стомаку** bol u stomaku

une pilule	**пилула** pilula
un onguent, une crème	**маст, крема** mast, krema
un sirop	**сируп** sirup
un spray	**спреј** sprej
les gouttes	**капи** kapi

Vous devez allez à l'hôpital.	**Морате у болницу.** Morate u bolnicu
assurance maladie	**здравствено осигурање** zdravstveno osiguranje
prescription	**рецепт** recept
produit anti-insecte	**нешто против инсеката** nešto protiv insekata
bandages adhésifs	**фластер** flaster

Les essentiels

Excusez-moi, …
Извините, …
Izvinite, …

Bonjour
Добар дан.
Dobar dan

Merci
Хвала вам.
Hvala vam

Au revoir
Довиђења.
Doviđenja

Oui
Да.
Da

Non
Не.
Ne

Je ne sais pas.
Не знам.
Ne znam

Où? (~ es-tu?) | Où? (~ vas-tu?) | Quand?
Где? | Куда? | Када?
Gde? | Kuda? | Kada?

J'ai besoin de …
Треба ми …
Treba mi …

Je veux …
Хоћу …
Hoću …

Avez-vous … ?
Имате ли …?
Imate li …?

Est-ce qu'il y a … ici?
Да ли овде постоји …?
Da li ovde postoji …?

Puis-je … ?
Смем ли …?
Smem li …?

s'il vous plaît (pour une demande)
молим
molim

Je cherche …
Тражим …
Tražim …

les toilettes
тоалет
toalet

un distributeur
банкомат
bankomat

une pharmacie
апотеку
apoteku

l'hôpital
болницу
bolnicu

le commissariat de police
полицијску станицу
policijsku stanicu

une station de métro
метро
metro

un taxi	**такси** taksi
la gare	**железничку станицу** železničku stanicu

Je m'appelle ...	**Ја се зовем ...** Ja se zovem ...
Comment vous appelez-vous?	**Како се ви зовете?** Kako se vi zovete?
Aidez-moi, s'il vous plaît.	**Да ли бисте, молим вас, могли да ми помогнете?** Da li biste, molim vas, mogli da mi pomognete?
J'ai un problème.	**Имам проблем.** Imam problem
Je ne me sens pas bien.	**Не осећам се добро.** Ne osećam se dobro
Appelez une ambulance!	**Позовите хитну помоћ!** Pozovite hitnu pomoć!
Puis-je faire un appel?	**Смем ли да телефонирам?** Smem li da telefoniram?

Excusez-moi.	**Извините ...** Izvinite ...
Je vous en prie.	**Нема на чему.** Nema na čemu

je, moi	**ја, мене** ja, mene
tu, toi	**ти** ti
il	**он** on
elle	**она** ona
ils	**они** oni
elles	**оне** one
nous	**ми** mi
vous	**ви** vi
Vous	**ви** vi

ENTRÉE	**УЛАЗ** ULAZ
SORTIE	**ИЗЛАЗ** IZLAZ
HORS SERVICE | EN PANNE	**НЕ РАДИ** NE RADI

FERMÉ   **ЗАТВОРЕНО**
                         ZATVORENO

OUVERT   **ОТВОРЕНО**
                         OTVORENO

POUR LES FEMMES   **ЗА ЖЕНЕ**
                         ZA ŽENE

POUR LES HOMMES   **ЗА МУШКАРЦЕ**
                         ZA MUŠKARCE

MINI DICTIONNAIRE

Cette section contient
250 mots, utiles nécessaires
à la communication
quotidienne.
Vous y trouverez le nom
des mois et des jours.
Le dictionnaire contient
aussi des sujets aussi variés
que les couleurs, les unités
de mesure, la famille et plus

T&P Books Publishing

CONTENU DU DICTIONNAIRE

1. Le temps. Le calendrier	75
2. Nombres. Adjectifs numéraux	76
3. L'être humain. La famille	77
4. Le corps humain. L'anatomie	78
5. Les vêtements. Les accessoires personnels	79
6. La maison. L'appartement	80

T&P Books Publishing

temps (m)	време (c)	vreme
heure (f)	сат (м)	sat
demi-heure (f)	пола (ж) сата	pola sata
minute (f)	минут (м)	minut
seconde (f)	секунд (м)	sekund
aujourd'hui (adv)	данас	danas
demain (adv)	сутра	sutra
hier (adv)	јуче	juče
lundi (m)	понедељак (м)	ponedeljak
mardi (m)	уторак (м)	utorak
mercredi (m)	среда (ж)	sreda
jeudi (m)	четвртак (м)	četvrtak
vendredi (m)	петак (м)	petak
samedi (m)	субота (ж)	subota
dimanche (m)	недеља (ж)	nedelja
jour (m)	дан (м)	dan
jour (m) ouvrable	радни дан (м)	radni dan
jour (m) férié	празничан дан (м)	prazničan dan
week-end (m)	викенд (м)	vikend
semaine (f)	недеља (ж)	nedelja
la semaine dernière	прошле недеље	prošle nedelje
la semaine prochaine	следеће недеље	sledeće nedelje
le matin	ујутру	ujutru
dans l'après-midi	поподне	popodne
le soir	увече	uveče
ce soir	вечерас	večeras
la nuit	ноћу	noću
minuit (f)	поноћ (ж)	ponoć
janvier (m)	јануар (м)	januar
février (m)	фебруар (м)	februar
mars (m)	март (м)	mart
avril (m)	април (м)	april
mai (m)	мај (м)	maj
juin (m)	јун (м), јуни (м)	jun, juni
juillet (m)	јули (м)	juli
août (m)	август (м)	avgust

septembre (m)	**септембар** (м)	septembar
octobre (m)	**октобар** (м)	oktobar
novembre (m)	**новембар** (м)	novembar
décembre (m)	**децембар** (м)	decembar
au printemps	**у пролеће**	u proleće
en été	**лети**	leti
en automne	**у јесен**	u jesen
en hiver	**зими**	zimi
mois (m)	**месец** (м)	mesec
saison (f)	**сезона** (ж)	sezona
année (f)	**година** (ж)	godina

2. Nombres. Adjectifs numéraux

zéro	**нула**	nula
un	**један**	jedan
deux	**два**	dva
trois	**три**	tri
quatre	**четири**	četiri
cinq	**пет**	pet
six	**шест**	šest
sept	**седам**	sedam
huit	**осам**	osam
neuf	**девет**	devet
dix	**десет**	deset
onze	**једанаест**	jedanaest
douze	**дванаест**	dvanaest
treize	**тринаест**	trinaest
quatorze	**четрнаест**	četrnaest
quinze	**петнаест**	petnaest
seize	**шеснаест**	šesnaest
dix-sept	**седамнаест**	sedamnaest
dix-huit	**осамнаест**	osamnaest
dix-neuf	**деветнаест**	devetnaest
vingt	**двадесет**	dvadeset
trente	**тридесет**	trideset
quarante	**четрдесет**	četrdeset
cinquante	**педесет**	pedeset
soixante	**шездесет**	šezdeset
soixante-dix	**седамдесет**	sedamdeset
quatre-vingts	**осамдесет**	osamdeset
quatre-vingt-dix	**деведесет**	devedeset
cent	**сто**	sto

Guía de conversación Español-Checo y mini diccionario de 250 palabras

por Andrey Taranov

La colección de guías de conversación para viajar "Todo irá bien" publicada por T&P Books está diseñada para personas que viajan al extranjero para turismo y negocios. Las guías contienen lo más importante - los elementos esenciales para una comunicación básica. Éste es un conjunto de frases imprescindibles para "sobrevivir" mientras está en el extranjero.

También encontrará un mini diccionario con 250 palabras útiles necesarias para la comunicación diaria - los nombres de los meses y de los días de la semana, medidas, miembros de la familia, y más.

T&P Books Publishing
www.tpbooks.com

ISBN: 978-1-78492-626-7

Este libro está disponible en formato electrónico o de E-Book también.
Visite www.tpbooks.com o las librerías electrónicas más destacadas en la Red.

deux cents	двеста	dvesta
trois cents	триста	trista
quatre cents	четиристо	četiristo
cinq cents	петсто	petsto

six cents	шестсто	šeststo
sept cents	седамсто	sedamsto
huit cents	осамсто	osamsto
neuf cents	деветсто	devetsto
mille	хиљада	hiljada

| dix mille | десет хиљада | deset hiljada |
| cent mille | сто хиљада | sto hiljada |

| million (m) | милион (м) | milion |
| milliard (m) | милијарда (ж) | milijarda |

3. L'être humain. La famille

homme (m)	мушкарац (м)	muškarac
jeune homme (m)	младић (м)	mladić
femme (f)	жена (ж)	žena
jeune fille (f)	девојка (ж)	devojka
vieillard (m)	старац (м)	starac
vieille femme (f)	старица (ж)	starica

mère (f)	мајка (ж)	majka
père (m)	отац (м)	otac
fils (m)	син (м)	sin
fille (f)	кћи (ж)	kći
frère (m)	брат (м)	brat
sœur (f)	сестра (ж)	sestra

parents (m pl)	родитељи (мн)	roditelji
enfant (m, f)	дете (с)	dete
enfants (pl)	деца (с мн)	deca
belle-mère (f)	маћеха (ж)	maćeha
beau-père (m)	очух (м)	оčuh

grand-mère (f)	бака (ж)	baka
grand-père (m)	деда (м)	deda
petit-fils (m)	унук (м)	unuk
petite-fille (f)	унука (ж)	unuka
petits-enfants (pl)	унуци (мн)	unuci

oncle (m)	ујак, стриц (м)	ujak, stric
tante (f)	ујна, стрина (ж)	ujna, strina
neveu (m)	синовац (м)	sinovac
nièce (f)	синовица (ж)	sinovica
femme (f)	жена (ж)	žena

mari (m)	муж (м)	muž
marié (adj)	ожењен	oženjen
mariée (adj)	удата	udata
veuve (f)	удовица (ж)	udovica
veuf (m)	удовац (м)	udovac
prénom (m)	име (с)	ime
nom (m) de famille	презиме (с)	prezime
parent (m)	рођак (м)	rođak
ami (m)	пријатељ (м)	prijatelj
amitié (f)	пријатељство (с)	prijateljstvo
partenaire (m)	партнер (м)	partner
supérieur (m)	начелник (м)	načelnik
collègue (m, f)	колега (м)	kolega
voisins (m pl)	комшије (мн)	komšije

4. Le corps humain. L'anatomie

corps (m)	тело (с)	telo
cœur (m)	срце (с)	srce
sang (m)	крв (ж)	krv
cerveau (m)	мозак (м)	mozak
os (m)	кост (ж)	kost
colonne (f) vertébrale	кичма (ж)	kičma
côte (f)	ребро (с)	rebro
poumons (m pl)	плућа (с мн)	pluća
peau (f)	кожа (ж)	koža
tête (f)	глава (ж)	glava
visage (m)	лице (с)	lice
nez (m)	нос (м)	nos
front (m)	чело (с)	čelo
joue (f)	образ (м)	obraz
bouche (f)	уста (с мн)	usta
langue (f)	језик (м)	jezik
dent (f)	зуб (м)	zub
lèvres (f pl)	усне (ж мн)	usne
menton (m)	брада (ж)	brada
oreille (f)	ухо (с)	uho
cou (m)	врат (м)	vrat
œil (m)	око (с)	oko
pupille (f)	зеница (ж)	zenica
sourcil (m)	обрва (ж)	obrva
cil (m)	трепавица (ж)	trepavica
cheveux (m pl)	коса (ж)	kosa

coiffure (f)	фризура (ж)	frizura
moustache (f)	бркови (м мн)	brkovi
barbe (f)	брада (ж)	brada
porter (~ la barbe)	носити	nositi
chauve (adj)	ћелав	ćelav

main (f)	шака (ж)	šaka
bras (m)	рука (ж)	ruka
doigt (m)	прст (м)	prst
ongle (m)	нокат (м)	nokat
paume (f)	длан (ж)	dlan

épaule (f)	раме (с)	rame
jambe (f)	нога (ж)	noga
genou (m)	колено (с)	koleno
talon (m)	пета (ж)	peta
dos (m)	леђа (мн)	leđa

5. Les vêtements. Les accessoires personnels

vêtement (m)	одећа (ж)	odeća
manteau (m)	капут (м)	kaput
manteau (m) de fourrure	бунда (ж)	bunda
veste (f) (~ en cuir)	јакна (ж)	jakna
imperméable (m)	кишни мантил (м)	kišni mantil

chemise (f)	кошуља (ж)	košulja
pantalon (m)	панталоне (ж мн)	pantalone
veston (m)	сако (м)	sako
complet (m)	одело (с)	odelo

robe (f)	хаљина (ж)	haljina
jupe (f)	сукња (ж)	suknja
tee-shirt (m)	мајица (ж)	majica
peignoir (m) de bain	баде мантил (м)	bade mantil
pyjama (m)	пиџама (ж)	pidžama
tenue (f) de travail	радно одело (с)	radno odelo

sous-vêtements (m pl)	доње рубље (с)	donje rublje
chaussettes (f pl)	чарапе (ж мн)	čarape
soutien-gorge (m)	грудњак (м)	grudnjak
collants (m pl)	грилонке (ж мн)	grilonke
bas (m pl)	хулахопке (ж мн)	hulahopke
maillot (m) de bain	купаћи костим (м)	kupaći kostim

chapeau (m)	капа (ж)	kapa
chaussures (f pl)	обућа (ж)	obuća
bottes (f pl)	чизме (ж мн)	čizme
talon (m)	потпетица (ж)	potpetica
lacet (m)	пертла (ж)	pertla

cirage (m)	крема (ж) за обућу	krema za obuću
gants (m pl)	рукавице (ж мн)	rukavice
moufles (f pl)	рукавице (ж мн)	rukavice
écharpe (f)	шал (м)	šal
lunettes (f pl)	наочари (м мн)	naočari
parapluie (m)	кишобран (м)	kišobran
cravate (f)	кравата (ж)	kravata
mouchoir (m)	џепна марамица (ж)	džepna maramica
peigne (m)	чешаљ (м)	češalj
brosse (f) à cheveux	четка (ж) за косу	četka za kosu
boucle (f)	копча (ж)	kopča
ceinture (f)	пас (м)	pas
sac (m) à main	ташна (ж)	tašna

6. La maison. L'appartement

appartement (m)	стан (м)	stan
chambre (f)	соба (ж)	soba
chambre (f) à coucher	спаваћа соба (ж)	spavaća soba
salle (f) à manger	трпезарија (ж)	trpezarija
salon (m)	дневна соба (ж)	dnevna soba
bureau (m)	кабинет (м)	kabinet
antichambre (f)	предсобље (с)	predsoblje
salle (f) de bains	купатило (с)	kupatilo
toilettes (f pl)	тоалет (м)	toalet
aspirateur (m)	усисивач (м)	usisivač
balai (m) à franges	џогер (м)	džoger
torchon (m)	крпа (ж)	krpa
balayette (f) de sorgho	метла (ж)	metla
pelle (f) à ordures	ђубровник (м)	đubrovnik
meubles (m pl)	намештај (м)	nameštaj
table (f)	сто (м)	sto
chaise (f)	столица (ж)	stolica
fauteuil (m)	фотеља (ж)	fotelja
miroir (m)	огледало (с)	ogledalo
tapis (m)	тепих (м)	tepih
cheminée (f)	камин (м)	kamin
rideaux (m pl)	завесе (ж мн)	zavese
lampe (f) de table	стона лампа (ж)	stona lampa
lustre (m)	лустер (м)	luster
cuisine (f)	кухиња (ж)	kuhinja
cuisinière (f) à gaz	плински шпорет (м)	plinski šporet
cuisinière (f) électrique	електрички шпорет (м)	električki šporet

four (m) micro-ondes	микроталасна рерна (ж)	mikrotalasna rerna
réfrigérateur (m)	фрижидер (м)	frižider
congélateur (m)	замрзивач (м)	zamrzivač
lave-vaisselle (m)	машина (ж) за прање судова	mašina za pranje sudova
robinet (m)	славина (ж)	slavina
hachoir (m) à viande	машина (ж) за млевење меса	mašina za mlevenje mesa
centrifugeuse (f)	соковник (м)	sokovnik
grille-pain (m)	тостер (м)	toster
batteur (m)	миксер (м)	mikser
machine (f) à café	апарат (м) за кафу	apparat za kafu
bouilloire (f)	кувало, чајник (м)	kuvalo, čajnik
théière (f)	чајник (м)	čajnik
téléviseur (m)	телевизор (м)	televizor
magnétoscope (m)	видео рекордер (м)	video rekorder
fer (m) à repasser	пегла (ж)	pegla
téléphone (m)	телефон (м)	telefon

www.ingramcontent.com/pod-product-compliance
Lightning Source LLC
Chambersburg PA
CBHW070840050426
42452CB00011B/2352